Bibliografische Information der Deutschen Nationalbibliothek:

Die Deutsche Bibliothek verzeichnet diese Publikation in der Deutschen National-bibliografie; detaillierte bibliografische Daten sind im Internet über http://dnb.d-nb.de/ abrufbar.

Impressum:

Copyright © 2016 GRIN Verlag, Open Publishing GmbH
Druck und Bindung: Books on Demand GmbH, Norderstedt Germany
ISBN: 9783668444737

Dieses Buch bei GRIN:

http://www.grin.com/de/e-book/364651/das-saarland-und-die-juden-zwischen-franzoesischen-und-deutschen-machtdisparitaeten

Dominik Seel

Das Saarland und die Juden zwischen französischen und deutschen Machtdisparitäten

Schwerpunktanalyse der Judengemeinde Illingen (Saar). Im Zwiespalt zwischen freiheitlichem Status Quo und der Abhängigkeit von den europäischen Mittelmächten

GRIN Verlag

GRIN - Your knowledge has value

Der GRIN Verlag publiziert seit 1998 wissenschaftliche Arbeiten von Studenten, Hochschullehrern und anderen Akademikern als eBook und gedrucktes Buch. Die Verlagswebsite www.grin.com ist die ideale Plattform zur Veröffentlichung von Hausarbeiten, Abschlussarbeiten, wissenschaftlichen Aufsätzen, Dissertationen und Fachbüchern.

Besuchen Sie uns im Internet:

http://www.grin.com/

http://www.facebook.com/grincom

http://www.twitter.com/grin_com

Autor: Dominik Seel

Schuljahr: 2015/16

Schule: Illtal-Gymnasium Illingen

Das Saarland und die Juden im Spannungsfeld zwischen französischen und deutschen Machtdisparitäten

Schwerpunktanalyse der traditionellen Judengemeinde Illingen(Saar) in ihrem Zwiespalt zwischen freiheitlichem Status Quo und der Abhängigkeit von den europäischen Mittelmächten

Inhaltsverzeichnis

1 Einleitung

Im Rahmen des Seminarfachs „Nationalsozialismus in unserer Region" besteht die Thematik darin, das Machtgefüge um die NS-Zeit am Beispiel des Saarlands zu analysieren und dessen Wichtigkeit hinsichtlich wirtschaftlicher, politischer und sozialer Besonderheiten im Laufe der historischen Entwicklungen klarzustellen. Die grundlegende „Erbfeindschaft"[1] von Deutschland und Frankreich verdeutlicht das Interesse beider Staaten an der jeweiligen Staatszugehörigkeit des Saarlands. Im Vordergrund steht jedoch auch die Frage, welche Rolle die Juden im Zeitraum zwischen den beiden Weltkriegen in diesem hoch industrialisierten und internationalisierten Raum am Beispiel der Gemeinde Illingen einnehmen.

In einem ersten Teil wird Wert darauf gelegt, inwieweit die Erbfeindschaft zwischen Deutschland und Frankreich bereits mit Geschehnissen aus dem 19. und 20.Jahrhundert verwurzelt ist. Der entscheidende Beitrag des Krieges von 1870/71 und des Imperialismus[2] um die Jahrhundertwende, schafft einen Übergang ins „Verderben"[3] dahingehend, dass der Erste Weltkrieg zur „Urkatastrophe"[4] der europäischen Spannungen wird.

Die inländischen Strukturen und Veränderungen von Mittelalter zur Neuzeit stehen im Fokus des zweiten Teils und verknüpfen sowohl moralische und geistige Vorstellungen als auch politische und gesellschaftliche Merkmale des Saarlandes im Wandel der Zeit.

Der grundlegenden bereits oben formulierten Frage wird nun in einem dritten Abschnitt nachgegangen, in dem man das Saarland als „(Montan-)Kern"[5] für unternehmerische Angelegenheiten identifiziert und diesen Standpunkt auf dem internationalen Markt begründet.

All dies wirkt sich in besonderem Maße auf saarländische Strukturen in vieler Hinsicht aus und begründet das enorme Bestreben beider Mittelmächte, die jeweilige Staatszugehörigkeit des Saarlandes zu erringen. So steht Illingen im Zentrum des Saarlandes und zeichnet sich ebenfalls durch vielerlei Faktoren zu einem besonderen Standort aus. Es kann und soll deshalb nicht unbegründet bleiben, weshalb Illingen gerade durch die Einwanderung bzw. Flucht vieler Juden auch zum sozioreligiösen[6] Mittelpunkt des Dritten Reiches wird.

---

[1] feindliches Verhältnis von über Generationen verhassten Bürgern zweier Länder
[2] Bestreben eines Staates, Völker unter ihren Einfluss bis hin zur Unterwerfung und zur Eingliederung in das Regime zu bringen
[3] gemeint ist das Dritte Reich
[4] Epkenhans, Leipzig 2006, S.230
[5] Behringer/Clemens, München 2009, S.79
[6] gesellschaftliche Veränderungen, die ihren Schwerpunkt auf religiösen Beeinträchtigungen haben

2 Französische und deutsche Machtrivalitäten

Krisen, Spannungen und Kriege sind Folgen einer mit der Zeit stärker werdenden Abgrenzung zweier oder mehrerer Staaten aufgrund machtpolitischer, sozialer, religiöser oder ethnischer Divergenzen. So wird diese über Generationen entstandene „Erbfeindschaft" zwischen Deutschland und Frankreich durch historische Ereignisse begründet. Als Ausgangspunkt, aber auch als Fazit dieser Entwicklungen steht beispielsweise ein Zitat von Johann Wolfgang Goethe an seinen Sekretär Johann Peter Eckermann, in dem er seine Perspektive gegenüber den Franzosen klarstellt: „Ich haßte die Franzosen nicht, wiewohl ich Gott dankte, als wir sie los wurden." Goethe behandelt dabei das Entstehen des neuen Schlagworts „Erbfeindschaft" im 19.Jahrhundert und schafft damit eine beträchtliche Stimme zum deutsch-französischen Weltbild.

2.1 Deutsche Frage[7] und Entstehung des deutschen Nationalstaats

Die Gründung des ersten Deutschen Reiches wird für viele mit dem Jahre 1871 verbunden. Prinzipiell gesehen ist dies aber erst die Folge einer zwanzigjährigen Entstehungsgeschichte von 1848 bis 1871. Mit dem Beginn der Befreiungskriege 1813 gegen Frankreich stellte das damalige Preußen als erster deutscher Staat die „Deutsche Frage"[8]. Diese Hauptforderung, der sich viele Deutsche 1815 anschlossen, gilt als Resultat der Französischen Revolution und wird vom Adel als katastrophales Ereignis hingenommen. Da sich aber Frankreich gerade von Napoleon und seinen revolutionären Tätigkeiten lösen konnte, gedieh dieses politische Bestreben nach „nationaler Einigung" nicht lange und schien mit der Gründung des Deutschen Bundes[9] nach dem Wiener Kongress von 1815 für diese Zeit endgültig nach außen hin abgeschlossen. Mit der Märzrevolution 1848 erarbeitete sich die deutsche Nationalbewegung zum ersten Mal in der Geschichte das Prinzip, nicht mehr unterdrückbar zu sein. Mit ihren Vorstellungen von einer deutschen Einheit wird die Nationalbewegung, auch wenn sie keine Macht besaß, zum politischen Machtfaktor, welcher ebenso die anderen Großmächte beschäftigt. Das damit verbundene Aufgreifen der deutschen Frage stößt auf den Gegensatz zwischen liberal und national denkenden Bürgern und dem Gemüt der Fürstenhäuser, weswegen es zur Forderung eines einheitlichen deutschen Bundesstaats, verbunden mit Aufständen, kommt. Dabei, wo die Endgestalt die Wahl einer deutschen Nationalversammlung als gesamtdeutsches Parlament darstellt, ging es um die Frage, ob die „großdeutsche Lösung"[10] oder vielmehr die „kleindeutsche Lösung"[11] umgesetzt werden sollte. Mit der Olmützer Punktation[12] wurde der Deutsche Bund unter Leitung Österreichs

---

[7] beschäftigt sich mit Problemkomplex der Deutschen Einheit (territoriale Ordnung Deutschlands)
[8] Haffner, München 2015, S.33
[9] Staatenbund, zu dem sich die Kaiser Österreichs und Könige Preußens, Dänemarks, der Niederlande vereinigten mit Ziel einer europäischen Friedensordnung
[10] katholischer Staat im Süden unter Führung Österreichs
[11] protestantischer Staat im Norden unter Führung Preußens
[12] diplomatisches Abkommen am 29.11.1850

wiederhergestellt, Preußen musste seinen Gründungsversuch aufgeben, 1866 kommt es in der Folge zum deutsch-deutschen Krieg zwischen Preußen und Österreich. Mit dem preußischen Sieg in der Schlacht bei Königgrätz wurden die Weichen für die nationale Einigung eingestellt: der deutsche Bund wurde aufgelöst, Österreich setzt sich zur Doppelmonarchie Österreich-Ungarn zusammen, die restlichen Staaten des deutschen Bundes wurden weitestgehend in das preußische Einzugsgebiet des Norddeutschen Bundes gebracht. Doch befasse man sich nun mit der praktischen Politik Bismarcks wird eine Sache ganz deutlich, welche er selbst auch über seine Arbeit am 26. Februar 1869 äußerte: *„Daß die deutsche Einheit durch gewaltsame Ereignisse gefördert werden würde, halte auch ich für wahrscheinlich. [...] Ein willkürliches, nur nach subjektiven Gründen bestimmtes Eingreifen in die Entwicklung der Geschichte hat immer nur das Abschlagen unreifer Früchte zur Folge gehabt; und daß die deutsche Einheit in diesem Augenblicke keine reife Frucht ist, fällt meines Erachtens in die Augen."*[13] Man muss also hier anhand seines Zeugnisses nicht spekulieren, er habe den Krieg von 1866 und von 1870 nicht bewusst gesucht, denn er wollte den deutschen Einheitsprozess schnellstmöglich vollenden und den Norddeutschen Bund zum deutschen Reich erweitern. Mit dem resultierenden Krieg knüpfte die deutsche Nationalbewegung an ihre Ursprünge in napoleonischen Zeiten an: Gegner war erneut Frankreich, Anführer war erneut ein Kaiser Napoleon. Dies schien den Deutschen Gründe genug, für eine Revanche für die napoleonischen Eroberungskriege. Der Nationalstolz revitalisierte, der Franzosenhass kam auf – „und diesmal waren die Deutschen die Stärkeren!"[14] Als zusätzliche Demütigung der Franzosen, welche auch Folgen hinsichtlich folgender historischer Ereignisse haben wird, gilt die Kaiserproklamation von Wilhelm I. im Spiegelsaal von Versailles am 18.Januar 1871, während beide Kriegsparteien am 26.Januar den Vorfrieden von Versailles schlossen.

2.2 Machtungleichgewicht durch Kolonial- und Flottenpolitik der europäischen Staaten

Ein ausgewogenes europäisches Machtgefüge gab es in der Weltpolitik bis zum Beginn des Imperialismus, bis zum Ende der siebziger Jahre, bis zum Berliner Kongress 1878[15], weil sich das europäische Staatensystem bis dato als „Regulator der Weltpolitik"[16] erwies. Von da an spielen andere Faktoren eine wichtigere Rolle, die ein neues Weltstaatensystem begründen sollen, „neue Triebkräfte des Imperialismus"[17] der fünf europäischen Großmächte. Mit unterschiedlichen Bündnissen, der Triple Entente[18] und dem Dreibund[19], kommt es zu einer machtpolitischen Aufspaltung des „europäischen

---

[13] Haffner, München 2015, S. 43
[14] Ebd., S.46
[15] Versammlung von Vetretern europäischer Staaten mit Entschluss der Beendigung der Balkankrise und der Aushandlung einer Friedensordnung für Südosteuropa
[16] Zitat von Theodor Schneider, in: Baumgart, 1979, S.20
[17] Baumgart, Frankfurt am Main/Berlin/Wien 1979, S.20
[18] Bündnis von 1907 zwischen Frankreich, Großbritannien und Russland
[19] Bündnis von 1904 zwischen Italien, Deutschland und Österreich-Ungarn

Konzerts"[20]. Die Expansion dieser Industriestaaten nach Übersee schafft somit neben den rein politischen Interessen weltpolitische Interessen, welche auch Japan und USA verfolgen. Anhand zahlreicher Vorgänge außerhalb Europas, gerade im Norden Afrikas, lässt sich diese Kolonialpolitik nachweisen: deutsch-französisches Vorgehen in Marokko, Faschoda in Nordostafrika oder der chinesischjapanischen Krieg; gleichermaßen Elsass-Lothringen als untergründiger „Konfliktherd"[21] zwischen Deutschland und Frankreich. Nach dem Rücktritt von Bernhard von Bülow[22] trat Theobald von Bethmann Hollweg[23] ein schweres Erbe an. Die mit der Kolonial- und Flottenpolitik verbundene außenpolitische Lage Deutschlands betitelte von Bethmann Hollweg am 5.März 1910 am Reichstag derart: *„Unsere auswärtige Politik allen Mächten gegenüber ist lediglich darauf gerichtet, die wirtschaftlichen und kulturellen Kräfte Deutschlands frei zur Entfaltung zu bringen."* Demzufolge sieht er den aktuellen Status Deutschlands in der Weltpolitik skeptischer und weitaus ernsthafter als sein Vorgänger. Im Zentrum seiner Tätigkeiten steht der Abbau internationaler Spannungen und der damit in Verbindung stehenden Verständigung mit England, obgleich er dies aufgrund der fortgeschrittenen Flottenpolitik, die ihm keine Entscheidungsfreiheit gewährte, nicht verwirklichen konnte.[24] Das „Wettrüsten"[25] geht weiter und alle Mächte steuern geradlinig und ohne Kompromisse, auch aufgrund des Attentats von Sarajevo[26], dem 1.Weltkrieg entgegen. Nach Beendigung des 1.Weltkriegs verbreitet sich die These einer bewussten, planmäßigen „Einkreisung"[27] Deutschlands: ein gegen Deutschland gelegter „cercle de fer"[28].

3 Das Saarland im Wandel der Zeit: von der Antike bis in die Frühe Neuzeit

Mit dem Saarland stelle man ein Bundesland vor, das keine große Metropole besitzt, aber es stets verstand, als Grenzregion von der Nähe zentraler Orte zu profitieren. So war die römische Kaiserstadt Trier die erste zentrale Stadt, die das Porträt des Saarlands formte, im Mittelalter die fränkische Stadt Metz und in der Neuzeit Paris, Brüssel und Straßburg. Die ersten Zeugnisse menschlicher Siedlungen reichen bis in die Altsteinzeit vor etwa 100.000 Jahren. In der vorchristlichen Epoche lebten keltische Stämme in diesem Raum, bis diese im 1.Jahrhundert v. Chr. von den Römern vertrieben worden waren, die ihrerseits gallo-römische Landstädte und Villen erbauten (vgl. römische Villa in Perl-Nennig). Der römische Alltag übertraf schließlich die lokalen Lebensformen bis hinein in religiöse Vorstellun-

[20] Baumgart, Frankfurt am Main/Berlin/Wien 1979, S.20
[21] Ebd., S.22
[22] Reichskanzler des Deutschen Kaiserreichs von 1900 bis Juli 1907
[23] Reichskanzler des Deutschen Kaiserreichs von 1909 bis 1917
[24] Baumgart, Frankfurt am Main/Berlin/Wien 1979, S.107
[25] Bahr, Braunschweig 2003, S.221
[26] Ermordung des Thronfolgers Österreich-Ungarns Franz Ferdinand und Sophie Chotek am 28.6.1914
[27] Baumgart, Frankfurt am Main/Berlin/Wien, S.104f.
[28] frz. Eisenring, geschrieben in einem belgischen Zirkular vom Mai 1906, in: Baumgart, 1979, S.105

gen.[29] Der weitestgehend religiöse Umschwung kann anhand der wenigen rein keltischen Kulte, der Angleichung keltischer und römischer Götter und der Christusverehrung begründet werden. Mit der Kaiserresidenz und dem Bischofssitz Trier entwickelt sich das Christentum immer mehr zu einer Reichsreligion, die im Jahr 380 unter Theodosius I. anerkannt wurde und somit auch im Saarland festgelegt war. Das charakteristische Schicksal vieler Siedlungen in diesem Raum verschont auch die Vorherrschaft der Römer in der Krisenzeit im 3.Jahrhundert n. Chr. mit Missernten, Aufständen und Barbarenüberfällen nicht: „Unter dem Ansturm der Völkerwanderung brach die römische Zivilisation zusammen."[30]

Erst im Frühmittelalter des 6.Jahrhundert kommt es erstmals wieder zu einer geographischen Neuorientierung: Metz trat als Zentralort an die Stelle von Trier und setzte die bereits in der Frühzeit begonnene Christianisierung fort. Zum erneut ersten Mal in der Geschichte des Saarlandes kommt es zur Entstehung von Ortsnamen mit Suffix –kirchen: dies zeugt von einer starken katholischen Ausbildung und Landesstruktur. Zwar konnte Metz als Suffragandiözese[31] eine wichtige Rolle und große Aufgabe hinsichtlich der Geistlichen im Mittelalter zugeteilt werden, aber Trier blieb sich seiner Stellung treu: „die Diözesengrenzen blieben im Wesentlichen (Ausnahme: St.Wendel) bis 1802 bestehen"[32].

Mit der Aufteilung des Karolingerreichs im Vertrag von Verdun fielen Metz und Trier 843 an das Mittelreich König Lothars I.[33], später dann 870 unter König Ludwig an das ostfränkische Reich. Im Zuge äußerer Einflüsse(Überfälle) durch Normannen und Ungarn am Ende des 9.Jahrhunderts, musste die Saar- und Moselregion eine politische Stabilisierung unter Heinrich I. erfahren, der mit neuen Zentren, der festen Hohenburg im Kern von Homburg und der Reichsburg in Kirkel, die Wichtigkeit des Saarlandes für Frankreich und Deutschland, aber auch für spätere Binnenmigration, beibehalten möchte. Deshalb zeichnet sich der Sieg von Kaiser Otto I.[34] im Jahre 955 über die Ungarn als Beginn eines neuen Denkens ab: der Aufbau einer eigenen Landeshoheit infolge der Befreiung von den durch die Ungarn festgelegten Reichsgrenzen.

Nach der etwas überraschenden Periode des Bevölkerungswachstums im 8.Jahrhundert rechnete man in einer Epoche, vom 9.Jahrhundert bis zum 13.Jahrhundert, mit einer Verdopplung der Bevölkerungszahlen im Saarland. Dies kann anhand der abebbenden Hungersnöte begründet werden und

---

[29] Behringer/Clemens, München 2009, S.13
[30] Ebd., S.14
[31] Verwaltungsbezirk der römisch-katholischen Kirche mit Diözese als Teil der Kirchenprovinz ohne dort leitende Funktion
[32] Behringer/Clemens, München 2009, S.18
[33] von 814-817 König von Bayern, später König des römischen Reiches und des Frankenreichs
[34] ab 936 Herzog von Sachsen und König des Ostfrankenreichs, ab 962 römisch-deutscher Kaiser

soll die Menschen an die „Warmzeit" bzw. „Blütezeit"[35] der antiken Frühgeschichte erinnert haben, da auch verbesserte Bedingungen im Hinblick auf die Agrarwirtschaft vorzufinden waren. Doch mit dem Augenmerk auf politischen Ereignisse ist für die Saarländer, und darunter auch die vielen Saarbrücker und Illinger(beides sind Städte bzw. Orte, die einen enormen Bevölkerungszuwachs aufweisen konnten), immer noch die Abhängigkeit von Metz und damit die Abhängigkeit von Frankreich ein Faktor, den die Bevölkerung zu mindern suchte, indem die Beziehung zur Stadt Trier gestärkt werden sollte.[36]

Dem oben erwähnten Aufschwung des Saarlandes steht in der Folge der Hungerkatastrophe von 1316-1322 und den daraus folgenden Missernten in den 1330er und 1340er Jahren, verbunden mit der eintretenden Pest, ein dramatischer Rückgang der Bevölkerung in der Krise des Spätmittelalters seit Beginn des 14.Jahrhunderts gegenüber.[37] Mit der daraus resultierenden Aufgabe der Dorfsiedlungen(ca. 54%) kommt es ebenso zu einem Wandel in der politischen Ordnung: alles in allem prägten Fürsten und Grafen(Lothringen, Saarbrücken) das Land an der Saar mit verschiedensten Reichsherrschaften(Illingen(Kerpen)) und Mischherrschaften(Vierherrschaft Lebach), und dem wichtigen Aspekt der Religion durch das „Trierer Domkapitel"[38]. In diesem Zusammenhang, also im Bezug auf die politische Zersplitterung, wurde der Begriff „Westrich" geprägt, welcher bis ins 19.Jahrhundert erhalten blieb und das Gebiet südlich des Hochwalds betitelte.

Es folgt ein langes, meist von saarländischen Grafen und Fürsten regiertes Zeitalter mit der Dynastie Nassau-Saarbrücken; es kommt zum Aufbruch in die Frühe Neuzeit. Mit entstehenden Differenzen zwischen Kirche und Fürstentum kam es dem „Haus Nassau"[39] geradewegs entgegen, der Reformation von Martin Luther beizuwohnen, die dem Konflikt, der seit Jahrhunderten bestand und der allgemein als „Investiturstreit"[40] bekannt war, eine neue Orientierung in Sachen Kirchenstatus verlieh. Mit der Einführung der Reformation wurde Nassau-Saarbrücken 1574 zum Frontstaat im Zeitalter der Religionskriege. Begünstigt durch Frieden in der Region nahm die Bevölkerungszahl während des 16.Jahrhundert kontinuierlich zu, was durch die erstmals systematische Ausbeutung der Bodenschätze, der Edelstein-, Steinkohle- und Eisenerzvorkommen begründet werden kann. Während wirtschaftlich gesehen die enorme Tragbarkeit der Industriezechen (Nassau-Ottweiler, Sulzbach) auch kunstvolle Gebäude und Schlossbauten im Stile der Renaissance nach sich zieht, befindet sich das Saarland außenpolitisch gesehen zwischen den Religionsdisparitäten der calvinistischen Pfalz und

---

[35] Behringer/Clemens, München 2009, S.20
[36] Ebd., S.21
[37] Ebd., S.24
[38] Ebd., S.28
[39] Behringer/Clemens, München 2009, S.31
[40] Höhepunkt eines politischen Konflikts im Mittelalter zwischen geistlicher und weltlicher Macht

den katholischen Staaten Lothringen und Kurtrier.[41]

Auf die Blütezeit des 16.Jahrhunderts folgte eine endlos geglaubte Serie an Truppendurchzügen, Kontributionen, Besatzungen, sinnloser Gewalt und systematischer Zerstörung. Der Begriff der Geisterstadt als Beschreibung für Städte im Saarland zu dieser Zeit wird allgegenwärtig, da die meisten Häuser aufgrund von Seuchentod und oder Flucht unbewohnt waren. Von den Kriegshandlungen des Dreißigjährigen Krieges(1618-1648) führte eine Blutspur über den Devolutionskrieg[42](1667-1668), den Holländischen Krieg[43](1672-1679), den Pfälzischen Erbfolgekrieg[44](1688-1697), den Spanischen Erbfolgekrieg[45](1701-1714) und den Polnischen Thronfolgekrieg[46](1733-1738) zu den napoleonischen Revolutionskriegen. Interessanterweise ist im Hinblick auf den Dreißigjährigen Krieg anzumerken, dass die Reichsherrschaft Illingen unter Ritter Heinrich Ernst von Kerpen 1626 im Zuge einer Gegenreformation zum Katholizismus zurückkehrte. Insgesamt erholte sich das Saarland jahrzehntelang nicht von der Kriegskatastrophe und dem drohenden Absturz mit der Tatsache, dass „Nassau-Saarbrücken [...] ganz ausgelöscht werden"[47] sollte, infolge der Festlegung Saarbrückens zum französischen Militärstützpunkt Ende Juli 1635. Zwar zeigt sich anhand obiger Ausführung welchen zähen Wiederaufbau das Saarland erfuhr, doch zeigten sich in der kommenden Blütezeit des Spätbarocks zu Beginn des 18.Jahrhunderts interessante Sonderentwicklungen für alle Verbündeten Frankreichs.[48] Und ja, es ist tatsächlich so, dass das Saarland ein Verbündeter Frankreichs darstellte, aber wir befinden uns ja schließlich noch zu Beginn des 18.Jahrhunderts vor der Französischen Revolution. Mit neuen, mehr aus dem nichts als aus irgendwelchen geplanten Vorhaben entstandene bzw. vorzufindende Verwaltungszentren, zum Beispiel das vom Trierer Kurfürst Philipp Christoph von Sötern im Jahre 1649 in Merzig gebaute neue Schlösschen, konnte der wirtschaftlichen, sozialen und politischen Misere aus der Kriegsserie entgegengewirkt werden. Doch in gewisser Weise saß der Stachel der französischen Vorherrschaft im Saarland so tief, dass aufgrund der dauernden Belästigungen durch französische Besatzungen und trotz der Einwanderung nur noch die Hälfte der Bevölkerung zu verzeichnen war, als in der Wachstumsepoche vor dem Dreißigjährigen Krieg. Es musste also (wie häufig in der Wirtschaftspolitik) zu einem Strukturwandel in der Tätigkeit der Menschen kommen. Zum Schwerpunkt wird in dieser Zeit nach dem landwirtschaftlichen Aufschwung in der Aufklärungszeit aufgrund von Verordnungen zu regelmäßigem Obstbau, Stallwirtschaft und Fruchtwechsel immer mehr die Montanindustrie, durch welche der spätere Weimarer Bergbauminister Goethe animiert

---

[41] Behringer/Clemens, München 2009, S.37
[42] militärischer Konflikt zwischen Frankreich und Spanien
[43] gesamteuropäischer militärischer Konflikt in Form eines expansiven Eroberungskrieg Frankreichs
[44] provozierter, militärischer Konflikt mit Ziel der Anerkennung der Reunionpolitik
[45] Kabinettskrieg, um das Erbe des letzten spanischen Habsburgers, König Karl II. von Spanien
[46] militärischer Konflikt über die Nachfolge des Königs August II.
[47] Behringer/Clemens, München 2009, S.44
[48] Behringer/Clemens, München 2009, S.52

wurde: „*Hier wurde ich nun eigentlich in das Interessen der Berggegenden eingeweiht, und die Lust zu ökonomischen und technischen Betrachtungen, welche mich einen großen Teil meines Lebens beschäftigt haben, zuerst erregt. Wir hörten von den reichen Dudweiler Steinkohlegruben, von Eisen- und Alaunwerken, ja sogar von einem brennenden Berge, und rüsteten uns, diese Wunder in der Nähe zu beschauen.*"[49] Motiv von Goethes Anreise war zwar hauptsächlich das „Naturwunder Brennender Berg"[50], obgleich aber gerade zu dieser Zeit mit der beginnenden Industrialisierung die Weichen für den Steinkohleabbau im Saarland optimal gestellt werden konnten.

Im Zuge der Französischen Revolution kam es aber erneut zur Erschütterung der Saarländer, da die Saarregion bis zum Herbst 1794 abermals zum „Schauplatz kriegerischer Handlungen"[51]. Es steht außer Frage, dass diese Position nahezu undenkbar für heutige Gemüter ist, und, um sich einmal in die Lage derer zu versetzen, dass dies die ohnehin mehrheitlich arme Bevölkerung in noch größere Belastungen und Hungersnöte versetzte. Um nun keineswegs nur die Schattenseite der Großen Revolution zu betrachten, was nicht bedeutet, dass man vor allem die Tatsache der nicht enden wollende Kriege kleinzureden versuche, leitete die 20Jahre während französische Herrschaft in außenpolitischer Hinsicht insgesamt grundlegende Wandlungsprozesse ein: viele Errungenschaften deutscher Staaten rechts des Rheins wie Bauernbefreiung, Aufhebung der Zünfte oder der Aufbau eines bürgerlichen Rechtssystems.[52]

4 Das Saarland als Zentrum der Schwerindustrie

Seit der Eisenzeit zeichnete sich das Saarland als dicht besiedeltes Gebiet Europas ab: Hier wurden Eisen, Kohle und Edelsteine abgebaut und verarbeitet, Glas und Keramik hergestellt. Ein weiterer enormer Agglomerationsvorteil ist der Überfluss an Wasser, Wald und fruchtbarem Boden. Demzufolge setzte bereits im 16.Jahrhundert die Industrialisierung ein, die der Region Saar enorme Stärke und Größe verlieh. Zum eigentlichen „wirtschaftlichen Boom"[53] kommt es zwar erst um 1850, wohingegen die grundlegenden Bestreben von Frankreich und Deutschland bereits in oben genannter Zeitspanne deutlich werden: das Bestreben des absolutistischen Frankreichs eine „Province de la Sarre"[54] zu gründen, die Bildung eines „Départment de la Sarre"[55] durch das revolutionäre Frankreich. Führungssektoren der saarländischen Wirtschaft erfahren eine beträchtliche Zunahme an Arbeitskräften, die sich nach statischer Erhebung im Zeitraum von 1820 bis 1850 auf 10.500 vervierfacht hat. Zwar dominierte die Landwirtschaft immer noch die Ernährung der meisten Menschen, doch es darf nicht

---

[49] Ebd., S.55
[50] Ebd.
[51] Ebd., S.65
[52] Behringer/Clemens, München 2009, S.70
[53] Ebd., S.77
[54] Ebd., S. 7
[55] Ebd.

außer Acht gelassen werden, dass der rasche Anwuchs der Industrie den Weg der Zukunft vorgab. So war es angesichts der starken Wachstumsrate beim Steinkohleabbau nachvollziehbar, dass mit Hilfe technischer Neuerungen, sowohl eine Rationalisierung der Betriebsabläufe als auch eine Modernisierung der Arbeitsweisen, die insgesamt die Produktivität steigern, erzielt wird. Mit zunehmender Holzknappheit entsteht für die Eisenindustrie die Notwendigkeit Kohle und später Koks in die Produktion mit einzubeziehen, sodass diese mit zunehmender Nachfrage zum größten Abnehmer wird. Gegenüber dem Kohlebergbau war die Bedeutung der Eisenindustrie bis 1850 noch begrenzt. Für die Familie Stumm, die sich nach dem Einstieg im Aktiengeschäft um die Kontrolle der meisten saarländischen Eisenproduktionshütten kümmerte, war dies eine glänzende Investition. Die „Saar-Eisen-Industrie"[56] entwickelt eine Vorreiterrolle mit enormer Koksverhüttung, wobei es auch hier, ähnlich wie beim Steinkohlebergbau, zu einer zunehmenden Mechanisierung und Rationalisierung zur Steigerung der Produktivität kommt. Zur Jahrhundertmitte war außerdem die saarländische Keramikindustrie die modernste und leistungsfähigste in Europa. Mit einer solchen Basis hinsichtlich wirtschaftlicher Agglomeration in verschiedensten Industriezweigen wird der „Montankern des Saarkohlewaldes"[57] mit mehreren „Schüben"[58] (1850er und 1880er Jahre) immer weiter ausgebaut, immer stärker geprägt und immer attraktiver für Erwerbstätige.

Dieser enormen wirtschaftlichen Entwicklung zur Jahrhundertmitte schließt sich nun der rasante Eisenbahnausbau an, der mit einer ersten preußischen Teilstrecke[59] im Jahre 1852 sowohl des Saarlandes Grenznähe verdeutlicht als auch die Bedeutung für andere Bundesländer des Deutschen Reich hervorhebt. Diese erste Erweiterung in der Verkehrsinfrastruktur trägt ihre Spuren bis 1866/67 weiter, als nach der Saarbrücken-Trier-Luxemburger Bahn[60], der Nahebahn Neunkirchen-Bingerbrück[61] und der Strecke Saarbrücken-Saargemünd-Straßburg[62] schließlich auch der Raum St.Ingbert und Homburg an die oben erwähnte bayerische Pfalzbahn angeschlossen wird.[63]

Alles in allem bedeutet der Sieg über Frankreich im in Kapitel 2.1 analysierten Deutsch-Französischen Krieg für Frankreich die belastende und bedrückende Abtretung des Raum Elsass-Lothringen an Deutschland, sodass die somit nach Westen expandierende Industriebewegung im Deutschen Reich zu einem äußerst wertvollen Aspekt für das Saarland wird.

---

[56] Ebd., S.78
[57] Ebd.
[58] Behringer/Clemens, München 2009, S.79
[59] Eisenbahnstrecke durch Neunkirchen und Sulzbachtal, Verbindung von bayerischer Pfalzbahn Bexbach-Ludwigshafen und in Forbach endender französischer Ostbahn
[60] Eisenbahnstrecke(1858/60) zur Verdeutlichung der Grenznähe des Saarlandes und zur Internationalisierung
[61] inländische Eisenbahnstrecke(1860) zum Transport von Industriegütern
[62] Eisenbahnstrecke(1870) mit Ziel der Verständigung mit Frankreich kurz vor dem deutsch-französischen Krieg
[63] Behringer/Clemens, München 2009, S.79

5 Illingen als Zentrum für sozioreligiöse Differenz(ierung)en

Überblickt man, von der unübersehbaren Vielfalt der alltäglichen und allgegenwärtigen kleinräumigen Wanderungen einmal abgesehen, die unterschiedlichen Gewichtungen im Wanderungsgeschehen, nach und aus Deutschland von der Frühen Neuzeit bis zum Beginn des 21. Jahrhunderts, dann erkennt man markante säkulare Schwerpunkte: Dazu zählen vor allem die frühneuzeitlichen Zuwanderungen von Glaubensflüchtlingen bzw. Vertriebenen aus Glaubensgründen, die traditionsreichen Siedlungswanderungen nach Ost-, Ostmittel- und Südosteuropa bis ins frühe 19. Jahrhundert und die transatlantische Massenauswanderung bis zum späten 19. Jahrhundert. Genauer betrachtet war aber der deutschsprachige Raum nie Aus- und Einwanderungsland allein, sondern meist beides zugleich, aber mit weitreichenden Unterschieden, was die Bedeutung der Wanderungen anbetrifft.

5.1 Binnenmigrationsbewegungen in der Region Saar

Es steht außer Frage, dass der Beginn der Migrationsbewegungen auf die Glaubenskriege im 16. und 17.Jahrhundert zur Zeit der absolutistischen Herrschaftsform zurückzuführen ist. In dieser Zeit kommt es zu einer Einwanderung bzw. Eingliederung vieler u.a. Niederländer und Hugenotten[64] in das Deutsche Reich, die dort als „Fremde"[65] mit ihren besonderen Fähigkeiten und Fertigkeiten in Landwirtschaft und Manufakturwesen sehr begehrt waren. Demgegenüber rückten die Bewegungen von Siedlergruppen im 18.Jahrhundert in den Vordergrund, die den deutschsprachigen Raum zu verlassen beabsichtigten. Mit einladenden Konditionen im Hinblick auf Wirtschaft und Kultur wurden diesen ein verlockendes Angebot durch Sonderrechte geschaffen, was eine Emigration nach Südost-, Ostmittel- und Osteuropa zur Folge hatte. Viele Spuren erloschen erst im Jahrhundert der Weltkriege – durch Zwangsumsiedlungen, kulturelle Unterdrückung und zuletzt durch die Ausreise derer, die seit dem 20.Jahrhundert als „Aussiedler"[66] nur scheinbar in die Heimat der Vorfahren zurückkehren und in Wirklichkeit Einwanderer und Deutsche zugleich sind.

Erst mit dem Einsetzen der deutschen Gedanken zur nationalen Einheit (vgl. 2.1) setzte in den 1830er Jahren die „transatlantische Massenauswanderung"[67] ein. Eine der wichtigsten Antriebskräfte für die transatlantische Massenauswanderung des 19.Jahrhunderts entstand in Deutschland und auch im Saarland aus dem Missverhältnis von Bevölkerungswachstum und Erwerbsangebot. Während dieser Übergangsphase bzw. –krise von Agrarwirtschaft zur industriellen Tätigkeit liegt eine entscheidende Basis für den Arbeitsmarkt zugrunde: „es gab schlichtweg zu viele Menschen und zu wenig Arbeit"[68]. So nahm diese Bewegung im Zeitalter der Neuorientierung des Deutschen Reiches gerade in der

---

[64] Bezeichnung für französische Protestanten im vorrevolutionären Frankreich
[65] Bade/Oltmer, Bonn 2004
[66] Bade/Oltmer, Bonn 2004
[67] Ebd., gemeint ist eine Auswanderung vieler Deutschen über den Atlantik nach Amerika und Übersee
[68] Ebd.

Jahrhunderthälfte seinen Lauf, beginnend im deutschen Südwesten und seinen letzten Schwerpunkt verzeichnend im vorwiegend ländlichen Nordostraum. Nach den kleineren Glaubensgemeinschaften, die Deutschland in der Frühen Neuzeit verließen, dominierten hierbei eher wirtschaftliche und soziale Motive, die die Auswanderungen begründen sollen. Prägend ist in diesem Zusammenhang der Begriff des „Wirtschaftswanderer", ein Mensch, vor allem deutscher, oder allgemein auch europäischer Herkunft, der sich also in den Vereinigten Staaten von Amerika als leistungsstarker, erwerbs- und aufstiegsorientierten Einwanderer erwies.

Eingehend mit dem in Kapitel 4 behandelten, wirtschaftlichen Boom im Saarland wuchs insgesamt in Deutschland der Bedarf an Arbeitskräften, was dementsprechend auch das Entgegenwirken zur „Hochflut"[69] im Zeitraum von 1846 bis 1893 zur Folge hat: das wachsende Potenzial von Erwerbspersonen wurde damit zunehmend absorbiert vom sprunghaft steigenden Erwerbsangebot im Reich. Denn diese Wachstumsphase wirtschaftlicher Hinsicht, die Mitte der 1890er Jahre einsetze, blieb weitestgehend bis zum „Vorabend des Ersten Weltkriegs"[70] vorstanden. Zwar sorgten Wohnortwechsel der Deutschen von der Peripherie in die Städte, um die immens expandierende Industrie aufrechtzuerhalten, und der nach dem gewonnenen Krieg von 1870/71 (vgl. Kapitel 2.1) natürliche Bevölkerungszuwachs für erste Annäherungen an ein rein deutsches Spektrum[71] in der Industrie, doch war es unumgänglich, „ausländische Wanderarbeiter"[72] zu beschäftigen. Demzufolge ließen diese Binnenmigrationen auch im Saarland den Urbanisierungsgrad stark ansteigen, und zwar stärker als je zuvor erwartet, und bildeten große städtisch-industrielle Ballungsräume (Völklingen, Neunkirchen, Dillingen).

Die alles in allem scharf ansteigende „New Immigration"[73] konnte in der Folge ihrer Stärke, ihres Gewichts und ihrer Bedeutung für die „Neue Welt"[74], noch nicht einmal von der „panic of 1893"[75] reduziert werden, was Deutschland bzw. das Deutsche Reich binnen kürzester Zeit zum „zweitgrößten Arbeitseinfuhrland der Erde"[76] nach den Vereinigten Staaten machte.

Dennoch und in gewisser Weise auch gerade deshalb musste das Wilhelminische Reich auf eine besondere Beobachtung und Kontrolle der ausländischen Arbeitskräfte ausgerichtet werden, um nicht die eigene Industrie und damit verbunden auch nicht das eigene Image und die Entwicklungen auf dem Arbeitsmarkt zu gefährden. Dieses Kontrollsystem unterliegt drei grundlegenden Instrumenten:

---

[69] Ebd., Oberbegriff für die enorme transatlantische Massenauswanderung
[70] Bade/Oltmer, Bonn 2004
[71] gemeint ist ein Spektrum hinsichtlich der Nationalität der Arbeitskräfte in der Industrie
[72] Oltmer, Bonn 15.3.2005
[73] von den Amerikanern geprägter Begriff zu den Einwanderungsströmen nach Deutschland infolge des wirtschaftlichen Booms
[74] Bahn/Oltmer, Bonn 2004
[75] schwere Weltwirtschaftskrise Anfang der 1890er Jahre
[76] Bahn/Oltmer, Bonn 2004

Erstens wurde zur Verhinderung der Einwanderung von Polen aus Österreich-Ungarn und Russland lediglich die Saisonwanderung landwirtschaftlicher Arbeitskräfte zugelassen; zweitens wollte man die preußisch-polnische Minderheit (jeder zehnte Preuße war polnischer Nationalität) so gering wie möglich halten; drittens gab es den Versuch, auslandspolnische Arbeitskräfte in der Landwirtschaft durch Arbeitskräfte anderer Nationalität zu ersetzen.[77]

Mit dem Ausbruch des „Weltbrands"[78] im Jahre 1914 wurden aufgrund der Problematik der Überseewanderungen und kontinentalen Zuwanderungen keineswegs der Arbeitsmarkt eingestellt, sondern erfüllen die ausländischen Arbeitskräfte belangvolle, entscheidende Ersatzfunktionen: dem rapide wachsenden Arbeitskräftemangel, der ein grundlegendes Problem der Kriegswirtschaftspolitik 1914-1918 darstellte, da viele deutsche Bürger zum Kriegsdienst gerufen wurden und ihre Tätigkeit in (Hoch-)Industrie und Handwerk für diesen Zeitraum nicht ausüben konnten, sollen die ausländischen Arbeitskräfte v.a. in den Bereichen Rüstungsindustrie, Bergbau und Landwirtschaft entgegenwirken. Demzufolge, und weil Maßnahmen zur Deckung des Arbeitskräftebedarfs an begrenzten Kapazitäten schieterten, wurde es immer mehr zum Ziel der Unternehmen, mehr und mehr und immer mehr ausländische Arbeitskräfte(darunter hauptsächlich minderwertige Gruppen wie Sinti und Roma, Juden) für Tätigkeiten im saarländischen Bergbau, im Ruhrgebiet, der Emscherzone und allgemein im Deutschen Reich zu rekrutieren. Doch auch vor der Schattenbild dieser Maßnahme kann man die Augen keineswegs verschließen: obschon viele ausländische Arbeitskräfte freiwillig in der deutschen Kriegswirtschaft arbeiteten, prägten zunehmend zwangsweise Rekrutierung und Zwangsarbeit die Beschäftigung ausländischer Arbeitskräfte.

Insgesamt soll auch nicht vernachlässigt werden, welche Folgen die Zwangsarbeit in der deutschen Kriegswirtschaft bewirkte. Denn die unter Zwang erfolgten Massenbewegungen von Menschen im Ersten Weltkrieg führten zu einem „Lernprozess"[79] mit einem folgenschweren Ergebnis in der weiteren Entwicklung: dem Ausländereinsatz bzw. etwas salopp formuliert dem –missbrauch in der nationalsozialistischen Kriegswirtschaft des Zweiten Weltkriegs in Deutschland und den von Deutschland beherrschten Teilen Europas.

5.2 Soziopolitischer Kulturkampf mit gewalthaften Auseinandersetzungen

Seit bald zweitausend Jahren leben Juden in Deutschland, seit sie mit den römischen Heeren über Gallien nach Deutschland kamen und sich dort einsiedelten.

Für die Juden stellt die Zeit des Mittelalters eine Zeit der Verfolgung und des Leidens dar. Als Folge davon erweisen sich die blutigen und grausamen Taten gegenüber den Juden aufgrund von Miss-

---

[77] Oltmer, Boon 15.3.2005
[78] Epkenhans, Leipzig 2006,S.258
[79] Zitat von Ulrich Herbert, in: Oltmer, Bonn 15.3.2005

gunst der Bevölkerung. Im Jahre 1235 werden so die Juden beispielsweise des Ritualmords[80] ange-
klagt, was für acht Juden in Lauda und Tauberbischofsheim durch eine grausame Hinrichtung den Tod
bedeutete.[81] Dieser Anschuldigung im Hochmittelalter folgt im Spätmittelalter der Vorwurf der
Schändung von Hostien, während die blutigen Übergriffe gegen die Anhänger des Judentums demzufolge keineswegs beendet waren und sich demgegenüber weiter fortsetzten, bis zur schlimmsten und
verheerendsten Verfolgungswelle in Südwestdeutschland während der Pestepidemie 1348/49: die
Juden wurden beschuldigt, die Brunnen und Quellen vergiftet zu haben, was in einer Ermordung
ganzer jüdischer Gemeinden durch christliche Bürger mündete. In den folgenden Jahrhunderten sind
die Juden dem ständig wechselnden „Tolerierungs-Vertreibungs-Schicksal" [82] ausgesetzt. Der wirtschaftliche Konkurrenzneid, deutlich werdend anhand der Ausweisung aus Reichsstädten, Herrschaf-
ten und Fürstentümern im Saarland und in Württemberg im 15. und 16.Jahrhundert, erschwert das
Leben der Juden und begründet die Diskriminierung derer. Doch in Zeiten, in denen es der deutschen
Konjunktur schlecht erging, waren die jüdischen Familien überraschenderweise erwünscht, um mit
hohen Steuer- und Schutzgeldausgaben für den Staat die Kassen zu füllen, so etwa nach dem Dreißigjährigen Krieg sowie aufgrund von Zerstörungen durch französische Truppen im Jahr 1689.

Inbegriffen mit dem Zeitalter der Aufklärung und der Französischen Revolution entstehen in den
Gemütern der Juden nach und nach Gedanken, die bürgerrechtlichen Unterschiede zwischen den
beiden starken Religionen zu minimieren. Mit dem 9.Konstitutionsedikt, dem so genannten Juden-
edikt vom 13.Januar 1809[83] soll somit ein erster wichtiger Schritt in Richtung Judenemanzipation
getätigt werden. Immer wieder kommt es auch in der Epoche der Restauration und der Märzrevolution, auch aufgrund der nach wie vor vorhandenen judenfeindlichen Einstellung der Bevölkerung zur
Konfrontation mit der Frage der beginnenden Judenemanzipation.[84] Zwar bringt eine Verfassungsän-
derung in dieser Zeit eine staatliche Anerkennung der gleichberechtigten Juden mit sich, wohingegen
aber verarmte Bauern ihr Elend bei den Juden anprangern möchten. Erst 1862 mit dem Gesetz über
die (bürgerliche) Gleichstellung und dem Recht der freien Niederlassung erlangen die Juden die volle
Emanzipation.[85]

Ähnlich wie die deutschen Bewohner zieht es auch viele Juden mit dem Anlaufen der Hochindustrialisierungsperiode vom Land in die Städte. Parallel zur oben gerade erwähnten vollständigen rechtli-
chen Emanzipation entsteht auch ein Wechsel in der gesellschaftlichen Position der Juden. Eingehend mit der immer größer werdenden Rolle der Juden in der Gesellschaft tragen auch alle

[80] hier: angebliche Ermordung eines Christen durch Juden, die dessen Blut für rituelle Zwecke nutzten
[81] Oberrat der Israeliten Badens, Karlsruhe 1984, S.21
[82] Oberrat der Israeliten Badens, Karlsruhe 1984, S.21
[83] Verordnungen, die zu Beginn des 19.Jahrhunderts die bürger- und kirchenrechtlichen Verhältnissen regelten
(vereinfacht gesehen auch „Judengesetz" genannt)
[84] Oberrat der Israeliten Badens, Karlsruhe 1984, S.24f.
[85] Ebd., S.166f.

Gesetzesänderungen aufgrund der Industrialisierung im Südwesten zur Integration bei.[86]

Prägendes Zitat für das vorzufindende Verhältnis zwischen Reichsregierung und Juden im Ersten Weltkrieg äußerte der damalige Kaiser Wilhelm II. derart: *„Ich kenne keine Parteien und auch keine Konfessionen mehr; wir sind heute alle deutsche Brüder und nur noch deutsche Brüder"*[87]. Unter den Meinungen von verschiedenen Historikern schloss der Kaiser in diesem Augenblicke einen so genannten „Burgfrieden" ab, was die Aufnahme der Juden als gleichberechtigte Staatsbürger in die deutsche Gesellschaft beinhaltete. Erfreut von dieser Assimilation der Juden zeigen diese ähnliche Reaktionen hinsichtlich der Leistungen im Kriegsdienst. Im Verlauf des Ersten Weltkriegs und mit zunehmender Erkenntnis, dass das Deutsche Reich im Krieg nicht als Sieger hervorgehen würde, schlug das Gefühl ruckartig in antisemitische Stimmung um. Ähnlich wie in der Vergangenheit werden die Juden für eben etwas beschuldig, was sie nicht verursacht haben, so auch hier der militärischen Misserfolge im Krieg.

Mit dem Kriegsende 1918, verbunden mit dem Ausrufen der Republik, begab sich das Judentum im Saarland und in Deutschland auf einen zweischneidigen Weg. Auf der einen Seite bestand für sie die Möglichkeit, neue Hoffnung auf eine Gleichbehandlung zu schöpfen, und in einer kurzen Phase, der sozialen Tolerierung und dem Anschein der Integration zu verweilen, während auf der anderen Seite gleichzeitig die Anhängerschaft rechtsradikaler Parteien mit antisemitischen Ideologien in Deutschland zu wachsen drohte.

5.3 Antisemitismus

Eingehend mit dem 1879 von W. Marr erstmalig geprägten Begriff des Antisemitismus als Prinzip für die Ablehnung und Bekämpfung der Juden vor allem aus sozialen, rassischen und weniger aus religiösen Motiven, vertritt das „rassistische Denken"[88] des Antisemitismus die Vorstellung, dass es Menschenrassen gäbe, denen eine Vormachtstellung unter den Völkern zukomme, während andere minderwertig seien. Mit dem Antisemitismus drücken die konservativ-reaktionären Kräfte des 19.Jahrhunderts in gleicher Weise ihre Kritik an gesellschaftlichen Neuordnung und Veränderung aus, mit Hilfe derer die Juden auch für negative Auswirkungen der Industrialisierung verantwortlich gemacht werden.

Der immer mehr an Einfluss gewinnende Antisemitismus zur Zeit der Weimarer Republik lässt diejenigen Kräfte, die von der demokratischen Regierungsform überrascht sind, zu neuer Stärke in Form von Propaganda aufblühen. Die derartigen immensen Resonanzen finden nur in der Folge des verlorenen Krieges und der gesellschaftlichen Verunsicherung ihre Tiefenschwerpunkte, die schließlich

---

[86] Asche/Ernst/Müller, Karlsruhe 1990, S.34
[87] Zitat von Kaiser Wilhelm II. am 1.August 1914, in: Cartarius, München 1982, S.15
[88] Brumlik/Ehrbeck, Frankfurt am Main 31.7.2014, S.311

aber auch in antisemitischen Parolen, Karikaturen und Reden der rechtsradikalen Parteien münde-
ten.

Im Zuge der NSDAP greift Hitler nach seiner Ernennung zum Reichskanzler am 30.Januar 1993 nun
sein Maxime auf, will die Juden mit dessen rassistischer Ideologie aus der Gesellschaft ausgrenzen,
verschärft schließlich sein Ziel mit Mitteln der Staatsgewalt und beraubt den Juden so endgültig ihren
letzten Jota Freiheit und Eigenbestimmung.

6 Zusammenfassung: Illingen im Zwiespalt machtpolitischer Bestreben

In gewisser Weise ist es fast nicht zu glauben, dass ein einzelner Ort die historischen Entwicklungen
einer Staates in einer Art mitverfolgt, dass man meine, es handle sich um den Staat selbst, den man
behandle. Es muss demzufolge irgendetwas Besonderes in irgendeiner Hinsicht geben, damit der Ort
oder hier konkret Illingen zum Analysepunkt für das Saarland wird.

Die deutsch-französische Erbfeindschaft, begründet anhand zweier historischer Ereignisse, begründet
anhand des deutsch-französischen Krieg 1870/71 und der Kolonial- und Flottenpolitik zur Zeit des
Imperialismus, soll die Aspekte hervorgehoben haben, wie ein Machtungleichgewicht entstehen kann
und gleichzeitig hinsichtlich der Gemeinde Illingen, dass Frankreich und Deutschland ihr Bestreben
der jeweiligen Staatszugehörigkeit aus Aspekten dieser Analyse begründen können.

Die Hochindustrialisierungsperiode in Deutschland brachte im Saarland einen derartig enormen Aufschwung, sodass kein Standort davon unbeeindruckt bleiben konnte. Es stand außer Frage, dass auch
Illingen, obschon es dort keine eigene Schwerindustrie gab, diesen Weg mitverfolgte und sich so auch
für das Kapital der Gemeinde Illingen(Saar) eine Wachstumsperiode entwickelte, da viele Illinger
dennoch im Bereich des sekundären Sektors tätig waren. Die Profitchancen waren in dieser Zeit nämlich so viel versprechend wie nie zuvor und auch gerade deshalb drängt dies weitaus stärker als frü-
her die Juden immer mehr ins Saarland.

Wenn man sich als Bürger der Frühen Neuzeit eigentlich darüber im Klaren gewesen wäre, was Rassenunterschiede und Antisemitismus bedeuten (und damit meine ich nicht, dass ich froh gewesen
wäre, wenn man Rassenunterschiede analysiert hätte), wären sicherlich keine endlos geschnürten,
über Generationen verknotete Schleifen der Fortsetzung von antisemitischen Gedanken entstanden.
Den Höhepunkt des Antisemitismus sieht man in den Judenverfolgungen von 1933 bis 1940. Nach
dem Reichstagsbrand am 28.Februar 1934 erlässt Hindenburg die Notverordnung „zum Schutz von
Volk und Staat". Die kommunistischen Parteiführer werden verhaftet sowie am 5.März die sozialde-
mokratischen Parteiführer, darunter auch der badische Sozialdemokrat und Karlsruher Rechtsanwalt

Ludwig Marum.[89] Mit weiteren Sozialdemokraten, und auch aufgrund der Tatsache, dass er Jude war, wird er in einer Schaufahrt durch Karlsruhe gefahren, erfuhr dort ein grausames Schicksal am eigenen Leibe, wie es auch viele Juden in dieser Katastrophenphase erdulden mussten, und wird anschließend in das Konzentrationslager Kislau bei Bruchsal gebracht.[90] In der Nacht vom 28. zum 29.März 1934 wird er im Schlaf von dem SA-Hauptsturmführer Karl Sauer und einer Gruppe von SA-Leuten erwürgt[91], was sein Leiden noch einmal in höchstem Maße verdeutlicht.

Nun genauer spielt auch die Saarabstimmung 1935 eine wichtige und richtungweisende Rolle: da der Zusammenbruch des Wilhelminischen Reiches im November 1918 die Saarregion unerwartet traf, wurde das Saarland zum Spielball der Interessen großer, mächtiger Nachbarstaaten. Entscheiden konnten die Saarländer für die Rückkehr zu Deutschland, für den Anschluss an Frankreich oder für den Verbleib unter der Verwaltung des Völkerbundes(=Status quo). Obwohl die Anhänger der NSDAP an der Saar eine kleine Wählergruppe waren, betrieben sie einen engagierten Abstimmungskampf und konnten glücklicherweise von den unpopulären Alternativen profitieren, die den meisten Saarländern keine Entscheidungsfreiheit ließen: es verblieb hauptsächlich nur noch die Möglichkeit, dem Deutschen Reich zuzugehören. [92] Als entscheidender Unterschied für den Rechtsradikalismus[93] im Saarland kristallisiert sich zur Zeit der Weimarer Republik an der Saar eine stärkere Annäherung an demokratische Ideen heraus, was zur Folge hatte, dass es den enormen Einfluss der rechtsgerichteten Parteien erst seit 1933 im Saarland und speziell im Zufluchtsort der Juden Illingen gab. Der konkrete Abstimmungskampf mündete in Auseinandersetzungen der einzelnen Parteien mit dem Nationalsozialismus, während die „Francophilen"[94] nie eine echte Chance hatten, schlossen sich die Linksparteien, unterstützt vom christlich sozialen Volksbund, zu spät zur Status-quo-Bewegung zusammen. Diese Zusammenlegung reichte nämlich nicht aus, um die Rückkehr zum faschistischen Deutschland zu verhindern, trotz weit verbreiteter Erfahrungsberichte über den NS-Terror.

Hinsichtlich der Religiosität im Saarland muss die katholische Kirche als wesentlicher Entscheidungsfaktor angesehen werden, da etwa 72% der Bevölkerung katholischen Glaubens war.[95] Bei der Volksabstimmung im Saargebiet entschieden am 13.Januar 1935 90,5% der gültigen Stimmen für den Anschluss an Hitlerdeutschland.

Abschließend sei noch zu erwähnen, dass viele Hitlergegner in Folge der Angliederung an das Deutsche Reich nach Frankreich oder ins Exil gehen mussten, schließlich sahen sie sich von der Hitlerpro-

---

[89] Asche/Ernst/Müller, Karlsruhe 1990, S.34
[90] Klaeren, Bonn Juli 2010, S.14
[91] Josef, Karlsruhe 1990, S.39f.
[92] Hannig, Frankfurt am Main 1995, S.140f.
[93] politische Neigung von Personengruppen, die radikal gegen andere Neigungen vorgehen
[94] Personen, die einen Anschluss an Frankreich befürworten ; in: Hannig, Frankfurt am Main 1995, S.141
[95] Ebd.

paganda, gerade im Hinblick auf die Propagandazüge gegenüber den Juden wie beim späteren Höhepunkt 1938 in der Reichspogromnacht, bedroht, und das, wie wir wissen, keineswegs unbegründet.[96]

Literaturverzeichnis

Asche, Susanne / Ernst, Otto / Müller, Karin: Juden in Baden, Karlsruhe 1990, S.34

Bade, Klaus J. / Oltmer, Jochen: Normalfall Migration: Texte zur Einwandererbevölkerung und neue Zuwanderung im vereinigten Deutschland seit 1990, Bundeszentrale für politische Bildung, Bonn 2004

Bahr, Frank / Banzhaf, Adalbert / Rumpf, Leonhard: Horizonte II: Geschichte für die Oberstufe (von der Französischen Revolution bis zum Beginn des 21.Jahrhunderts), Braunschweig 2003, S.202-225

Baumgart, Winfried: Deutschland im Zeitalter des Imperialismus 1890-1914: Grundsätze, Thesen und Strukturen, Frankfurt am Main/Berlin/Wien 1979, S.20-32, S.104-113

Behringer, Wolfgang / Clemens, Gabriele: Geschichte des Saarlandes, München 2009, S.7-81

Prof. Dr. Brumlik, Micha / Ehrbeck, Heiner: Antisemitismus – Ausbeutung – Unterdrückung, Frankfurt am Main 31.7.2014, S.311

Cartarius, Dirk: Deutschland im Ersten Weltkrieg. Texte und Dokumente 1914-1918, München 1982, S.15

PD Dr. Epkenhans, Michael / Dr. Fries, Ursula / Prof. Dr. Henke-Bockschatz, Gerhard / PD Dr. Kuhn, Bärbel / Langen, Georg / Dr. Niggemann, Heinz / Prof. Dr. Sauer, Michael / Dr. Schröder, Helge / Dr. Thimann-Verhey, Susanne / Thunich, Martin / Wallmeier, Franz-Josef: Geschichte und Geschehen, Bd. 3, Leipzig 2006, S.230

Haffner, Sebastian: von Bismarck zu Hitler: Ein Rückblick, München 1987, Neuausgabe Juli 2015, S.21-47

Hannig, J.: Die Saarregion Zeugnisse ihrer Geschichte, Frankfurt am Main 1995, S.140-147

Josef, Werner: Hakenkreuz und Judenstern: das Schicksal der Karlsruher Juden im Dritten Reich, Veröffentlichungen des Karlsruher Stadtarchiv, Bd.9, Karlsruhe 1990, S.39-47

Klaeren, Jutta: Informationen zur politischen Bildung: Jüdisches Leben in Deutschland, Bonn Juli 2010, S.13-17

Oberrat der Israeliten Badens: Juden in Baden 175 Jahre 1809-1984, Karlsruhe 1984, S.21-35, S.165-169

Prof. Dr. Oltmer, Jochen: Grundlagendossier Migration: Deutsche Migrationsgeschichte seit 1871, in: Bundeszentrale für politische Bildung, Bonn 15.3.2005

---

[96] Hannig, Frankfurt am Main 1995, S.141